PARCE QUE TU ES UNE FILLE
exceptionnelle

ALICIA PERETTI

Ce livre appartient à la fille exceptionnelle :

_____

Offert par :

_____

Loi n°49-956 du 16 juillet 1949 sur les publications destinées à la jeunesse

© 2025, Alicia PERETTI

Édition : BoD · Books on Demand, 31 avenue Saint-Rémy, 57600 Forbach, bod@bod.fr
Impression : Libri Plureos GmbH, Friedensallee 273, 22763 Hamburg (Allemagne)
ISBN: 978-2-8106-2727-1
Dépôt légal: Février 2025

SOMMAIRE

Préface 6
Introduction 8
Le trésor caché de Léa 9
Le rêve de Manon, l'artiste 13
Le super-pouvoir de Zoé 19
L'aventure de Sarah la courageuse 23
Camille et les étoiles 28
Le jardin secret de Jade 33
Le courage de Sophie 38
Le talent secret d'Emma 44
La course de Clara 50
Le grand cœur de Lina 55
Les rêves de Lucie l'inventrice 60
Alice et le pouvoir de l'instant présent 66
Noémie et la magie des pensées positives 73
Le défi de Juliette 79
Lina et la magie de la gratitude 85
Conclusion 90
Bonus surprise 93

PRÉFACE

Salut à toi, jeune lectrice,

C'est avec tout mon cœur et ma sensibilité que j'ai écrit ce livre, portée par l'envie profonde d'aider chaque jeune fille à grandir avec confiance, bienveillance et force intérieure. En tant que femme et maman, je sais à quel point il est important d'apprendre à croire en soi, à s'aimer telle que l'on est, et à affronter la vie avec courage et douceur à la fois.

Ce livre a été pensé spécialement pour toi. Chaque histoire que tu vas découvrir est une invitation à révéler la lumière qui brille en toi. À travers ces récits, je veux que tu comprennes à quel point tu es précieuse, unique et capable de réaliser de grandes choses. Que tu oses être toi-même, avec fierté et confiance.

Mon parcours dans le développement personnel m'a appris qu'en cultivant la confiance et la bienveillance envers soi-même, on peut déplacer des montagnes. C'est ce trésor que j'aimerais partager avec toi à travers ces histoires.

Ce livre a été pensé spécialement pour toi. Chaque histoire que tu vas découvrir est une invitation à révéler la lumière qui brille en toi. À travers ces récits, je veux que tu comprennes à quel point tu es précieuse, unique et capable de réaliser de grandes choses. Que tu oses être toi-même, avec fierté et confiance.

Si ce livre t'inspire, n'hésite pas à demander à tes parents de laisser un avis sur les plateformes de vente en ligne. Chaque message compte énormément pour moi, et je prends le temps de tous les lire avec beaucoup d'attention.

☆ ☆ ☆ ☆ ☆

J'espère de tout cœur que ces histoires te feront du bien, qu'elles t'apporteront du réconfort et de la force, et surtout qu'elles t'aideront à voir en toi l'extraordinaire jeune fille que tu es déjà.

Avec toute mon affection,

Bienvenue dans ce livre, qui t'est destiné, à toi, cette fille exceptionnelle.

À travers ces histoires, tu vas rencontrer des héroïnes qui, comme toi, vivent des aventures, relèvent des défis et découvrent qu'elles possèdent en elles des qualités extraordinaires.

Qu'il s'agisse de trouver le courage d'affronter une peur, d'oser exprimer ses rêves, de faire preuve de gentillesse pour illuminer le monde ou de croire en soi malgré les doutes, chaque histoire te rappellera combien tu es unique et précieuse.

Chaque page est là pour te montrer que tu as le droit d'être toi-même, de suivre ton cœur et d'avancer avec confiance, car tu es forte, capable et remplie de belles qualités.

Comme les héroïnes de ces histoires, n'oublie jamais que tu peux accomplir de grandes choses en restant fidèle à ce qui est important pour toi.

Alors, plonge dans ces récits et découvre pourquoi, toi aussi, tu es une fille exceptionnelle !

LE TRÉSOR CACHÉ DE LÉA

Dans un charmant petit village, Léa était une fille curieuse et rêveuse. Elle adorait explorer les moindres recoins de la maison de sa grand-mère, persuadée que chaque objet ancien cachait une histoire fascinante.

Un après-midi, alors qu'elle fouillait dans le grenier poussiéreux, elle découvrit une vieille malle en bois sculpté. Intriguée, elle l'ouvrit avec précaution et trouva à l'intérieur une carte au trésor jaunie par le temps. Ses yeux pétillèrent d'excitation : la carte indiquait un mystérieux endroit, non loin de la forêt, où un coffre marqué d'un grand "X" semblait attendre d'être découvert.

Léa sentit son cœur battre plus fort. Et si c'était une vraie chasse au trésor ? Déterminée, elle décida de suivre la carte dès le lendemain.

Au lever du soleil, elle enfila ses baskets, prépara un sac à dos avec de l'eau et des biscuits, puis courut raconter son incroyable découverte à sa meilleure amie, Emma. Enthousiaste, celle-ci n'hésita pas une seconde avant d'accepter de l'accompagner dans cette aventure.

Les deux amies suivirent les indications de la carte, traversant des champs de fleurs sauvages et longeant un petit ruisseau. Plus elles avançaient, plus Léa sentait un mélange d'excitation et d'inquiétude. Et si elles ne trouvaient rien ? Et si elles se perdaient ?

Soudain, un bruissement derrière elles les fit sursauter. C'était leur amie Jade, qui les avait suivies en cachette. "Vous n'allez tout de même pas partir sans moi !" s'exclama-t-elle en riant. Léa et Emma échangèrent un regard amusé, puis acceptèrent Jade dans leur expédition. Après tout, une aventure était encore plus belle lorsqu'elle était partagée !

Le chemin ne fut pas de tout repos : elles durent traverser un tronc d'arbre couché, grimper une petite colline escarpée et même trouver un passage entre des buissons épineux. À chaque difficulté, Léa hésitait, doutant parfois de leur capacité à continuer. Mais chaque fois, Emma et Jade l'encourageaient, et ensemble, elles trouvaient des solutions. Léa se rendit alors compte qu'elle était bien plus forte qu'elle ne l'imaginait.

Après plusieurs heures de marche, elles arrivèrent enfin à l'endroit indiqué par la carte. Une belle clairière inondée de soleil s'étendait devant elles, avec, en son centre, un vieux chêne majestueux. L'excitation grandit dans le cœur des trois filles.

Léa examina la carte une dernière fois, puis se mit à creuser doucement à la base de l'arbre. Ses amies l'aidèrent, et bientôt, leurs doigts heurtèrent quelque chose de dur. Le souffle court, elles dégagèrent une boîte en fer rouillée.

Les mains tremblantes, Léa souleva le couvercle... Mais au lieu d'un coffre rempli d'or, elles découvrirent de vieux jouets, quelques souvenirs usés par le temps et une lettre. Curieuses, elles la déplièrent avec précaution et commencèrent à lire. La lettre racontait l'histoire d'un groupe d'enfants qui, des années auparavant, avaient caché ce trésor ici. Ils y parlaient de leurs aventures, de leurs jeux et surtout, de leur amitié indéfectible.

Un sourire illumina le visage de Léa. À cet instant, elle comprit que le véritable trésor n'était pas un coffre rempli de richesses, mais bien l'expérience qu'elles venaient de vivre ensemble. Les souvenirs qu'elles venaient de créer valaient bien plus que tout l'or du monde.

Sur le chemin du retour, Léa se sentait différente. Elle avait découvert bien plus qu'un trésor caché : elle avait appris à croire en elle et à ne jamais baisser les bras face aux obstacles. Surtout, elle savait maintenant que l'amitié et le partage étaient les plus belles richesses qui soient.

> **Le plus grand trésor est celui que tu portes en toi : ta confiance et ton courage.**

Quand as-tu ressenti que tu avais du courage, même si tu avais peur ? Que t'a appris cette expérience sur toi-même ?

....

....

....

....

....

....

....

LE RÊVE DE MANON, L'ARTISTE

Depuis qu'elle savait tenir un crayon, Manon dessinait. Chaque page blanche était une porte ouverte sur son imagination. Elle aimait observer le monde autour d'elle, capturer les moindres détails et les transformer en œuvres pleines de couleurs et d'émotions. À l'école, pendant la récréation, elle griffonnait des personnages dans son carnet. À la maison, elle remplissait des feuilles entières, parfois jusqu'à tard le soir, oubliant presque l'heure du coucher.

Mais il y avait un problème.

Manon adorait dessiner, mais elle n'osait pas montrer ses dessins aux autres, sauf à sa meilleure amie, Zoé. Zoé était toujours émerveillée.

"Wow, Manon ! On dirait que tes dessins sont magiques ! Comment tu fais ça ?"

Manon haussait les épaules, gênée.

"Je dessine juste ce qui me vient en tête..."

Mais dès qu'il s'agissait de montrer ses créations à quelqu'un d'autre, elle se défilait. Et si ses dessins n'étaient pas assez beaux ? Et si tout le monde se moquait d'elle ?

Un jour, la maîtresse entra en classe avec un grand sourire et annonça :

"J'ai une surprise pour vous ! L'école organise un concours de dessin sur le thème Le monde de mes rêves. Tous ceux qui veulent participer peuvent me rendre leur dessin d'ici vendredi !"

Un frisson d'excitation parcourut la classe. Tous les élèves commencèrent à chuchoter entre eux. Manon sentit son cœur bondir. C'était le concours parfait pour elle ! Son imagination débordait déjà d'idées.

Mais aussitôt, une petite voix dans sa tête souffla : "D'autres dessinent sûrement mieux que toi... Tu ne gagneras jamais."

Tout l'enthousiasme de Manon s'évanouit. Elle vit Lucas, un garçon de la classe qui dessinait toujours des personnages incroyablement réalistes. Elle entendit Léa, qui prenait des cours d'art, dire qu'elle avait déjà une idée géniale pour son dessin.

Le soir même, en rentrant chez elle, elle s'installa à son bureau avec une feuille devant elle. Mais rien ne venait. Son crayon resta suspendu au-dessus du papier, comme figé par ses doutes.

Quand Zoé arriva chez elle, elle la trouva devant une feuille blanche.

"Tu ne participes pas au concours ?" demanda-t-elle, surprise.

"Je ne sais pas... Il y a sûrement plein d'autres élèves qui dessinent mieux que moi..." murmura Manon.

Zoé la fixa avec sérieux.

"Et alors ? Ce qui compte, ce n'est pas d'être la meilleure. C'est de montrer ton monde à toi. Personne ne voit les choses comme toi, Manon. Ce qui rend un dessin spécial, ce n'est pas qu'il soit parfait, mais qu'il vienne du cœur."

Manon baissa les yeux vers sa feuille vide.

"Dessiner ce que je ressens, ce que j'aime, sans penser à la perfection..."

Alors, cette nuit-là, elle prit son crayon et se mit à dessiner. Elle laissa parler son imagination sans se juger.

Elle dessina un monde magique où les arbres chuchotaient des secrets, où des étoiles flottaient dans le ciel en dessinant des constellations vivantes, où les rivières brillaient comme des rubans d'or. Elle ajouta des créatures fantastiques, des villes suspendues, des jardins arc-en-ciel... Plus elle dessinait, plus elle oubliait ses doutes.

Le jour du concours arriva, elle hésita une dernière fois devant la porte de la classe. En déposant son dessin avec les autres, Manon sentit son cœur battre si fort qu'elle avait l'impression que tout le monde pouvait l'entendre. Elle n'avait jamais montré son travail à autant de monde. Mais en croisant le regard bienveillant de Zoé, elle se rappela pourquoi elle faisait cela : non pas pour être parfaite, mais pour partager ce qui lui tenait à cœur.

Quand vint l'annonce des résultats, Manon n'en croyait pas ses oreilles : elle avait reçu le prix de la créativité ! Les juges avaient été émerveillés par son univers unique et plein de magie. Son dessin racontait une histoire, une histoire qui ne ressemblait à aucune autre, parce qu'elle venait de son imagination.

Manon sentit une vague de fierté l'envahir. Elle n'avait pas gagné parce qu'elle était parfaite. Elle avait gagné parce qu'elle avait osé être elle-même.

En rentrant chez elle, elle prit son carnet de dessin et écrivit en haut de la première page :

"Dessine toujours avec ton cœur."

> **Croire en toi-même te permet de faire briller ton talent unique.**

Y a-t-il quelque chose que tu aimes faire, mais pour lequel tu doutes parfois de toi ? Que te dirait un ami pour t'encourager ?

....
....
....
....
....
....
....
....

LE SUPER-POUVOIR DE ZOÉ

Zoé se tenait dans le couloir, les mains moites. Aujourd'hui, elle devait parler devant toute la classe. Un simple exposé, mais pour elle, c'était comme une montagne à gravir. Sa tête était remplie de doutes : Et si je faisais une erreur ? Et si les autres se moquaient de moi ?

Elle regarda ses camarades qui semblaient tous si sûrs d'eux. Emma, avec son sourire éclatant, et Lucas, toujours drôle et détendu. Zoé les observait, en se disant qu'elle n'était pas comme eux.

Quand la maîtresse l'appela, Zoé sentit son cœur s'emballer. Elle posa son carnet sur le bureau de la maîtresse et, avant même de commencer, une bouffée de panique la saisit. Mais en levant les yeux, elle aperçut Emma qui lui adressait un sourire doux et rassurant. Cela la calma un peu.

Alors, elle inspira profondément et commença à parler. Sa voix était hésitante au début, mais au fur et à mesure que les mots sortaient, elle se sentait un peu plus à l'aise. Les premières secondes furent les plus dures, mais petit à petit, elle prit confiance en elle et se surprit à trouver un rythme, plus calme et plus fluide.

Quand elle termina, elle jeta un coup d'œil à la maîtresse. "Très bien, Zoé. C'était une présentation très intéressante", dit-elle.

Zoé retourna à sa place, un peu surprise. Je l'ai fait ! pensa-t-elle. Ce n'était pas parfait, mais ce n'était pas grave. Elle avait affronté sa peur.

Pendant la récréation, Zoé aperçut Léa assise sur un banc, seule. Ses yeux étaient rouges, comme si elle avait pleuré. Zoé s'approcha d'elle.

"Tu vas bien ?" demanda-t-elle doucement.

Léa leva la tête, un peu surprise. "Pas vraiment... mes parents se sont encore disputés hier, et je me sens un peu seule. Tout semble compliqué en ce moment."

Zoé s'assit à côté d'elle. Elle n'avait pas de réponse magique, mais elle savait que, parfois, juste écouter pouvait tout changer.

"Je comprends", dit-elle simplement. "Tu veux qu'on parle ? Je suis là, si tu as besoin."

Léa hocha la tête, et elles commencèrent à discuter. Zoé n'avait pas grand-chose à dire, mais elle écoutait. Le temps passa, et bientôt, Léa esquissa un petit sourire.

"Merci, Zoé. Ça me fait du bien de parler avec toi."

Ce soir-là, en rentrant chez elle, Zoé réfléchissait à la journée. Elle avait surmonté sa peur de parler en public, mais ce qui l'avait vraiment touchée, c'était d'avoir pu apporter un peu de réconfort à son amie. Elle se souvint alors des mots de sa maman : "Parfois, un simple geste peut avoir un grand impact."

Zoé réalisa alors qu'elle avait un super-pouvoir. Ce n'était pas un pouvoir magique, mais un pouvoir réel, un pouvoir qui venait de l'intérieur. Être là pour les autres, les écouter, les soutenir, c'était un vrai super-pouvoir. Zoé se sentit fière de l'avoir découvert en elle.

> **Être gentil est un vrai super-pouvoir qui rend le monde meilleur.**

Quand as-tu utilisé ton propre super-pouvoir de gentillesse pour aider quelqu'un ? Comment cela t'a-t-il fait sentir ?

....
....
....
....
....
....
....

L'AVENTURE DE SARAH
LA COURAGEUSE

Sarah adorait les balades dans le parc. Chaque dimanche, elle partait avec sa maman et son petit frère Max, profitant de l'air frais et des jeux de plein air. Mais un dimanche matin, alors qu'elle se préparait pour leur promenade habituelle, Sarah sentit un nœud se former dans son ventre. Ce n'était pas un mauvais pressentiment. Non, c'était la peur. La peur de l'inconnu. La peur de ce qui l'attendait au bout du chemin.

Car ce dimanche-là, Sarah allait devoir faire une chose qu'elle redoutait plus que tout : traverser le pont suspendu. Ce pont en bois, qui reliait deux grandes falaises au-dessus de la rivière, avait toujours fait partie du paysage. Elle l'avait vu de loin des dizaines de fois, mais jamais elle n'avait eu le courage de le traverser. Ce n'était pas qu'il était particulièrement effrayant. Mais il bougeait dès qu'on y mettait un pied, et l'idée de se retrouver là-haut, avec tout cet espace en dessous d'elle, lui donnait des frissons.

"Tu viens, Sarah ? On va traverser le pont !" appela Max, en courant déjà vers le début du chemin.

Sarah se figea. Elle n'osait pas avancer. Sa maman, remarquant son hésitation, s'approcha. "Tu sais, Sarah, il n'y a rien de mal à avoir peur. On a tous un peu peur, parfois. Le courage, c'est faire face à cette peur. Et parfois, il suffit de commencer par un petit pas."

"Un petit pas..." murmura Sarah, tout en fixant le pont au loin. Elle se sentait à la fois excitée et effrayée. Ce pont représentait tellement pour elle, comme une frontière entre sa zone de confort et l'inconnu.

"Tu peux le faire, Sarah. Prends ton temps, va à ton rythme. Tu n'as pas à être pressée", ajouta sa maman, souriant chaleureusement.

Ces mots résonnèrent en Sarah. Peut-être que sa maman avait raison. Elle n'avait pas besoin de courir, ni de se presser. Elle pouvait y aller à son propre rythme. Un petit pas à la fois.

Ils arrivèrent finalement au pied du pont. Sarah regarda les cordes suspendues et la passerelle de bois qui semblait fragile. Son cœur battait plus vite, et ses mains étaient moites. Mais elle se rappela les paroles de sa maman. Elle inspira profondément et posa son premier pied sur la planche de bois. Le pont trembla légèrement sous ses pieds, mais elle n'eut pas le temps de réfléchir. Elle mit un deuxième pied devant l'autre, et un troisième. À chaque pas, elle se sentit un peu plus stable, un peu plus en confiance.

Au début, le bruit de la rivière en dessous d'elle la rendait nerveuse, mais plus elle avançait, plus elle se concentrait sur ses pas, sur l'air frais qui lui caressait le visage, sur la vue magnifique autour d'elle. Elle avait l'impression de faire partie de quelque chose de plus grand. Elle n'était plus une petite fille tremblante, mais une aventurière en pleine exploration.

Arrivée au milieu du pont, Sarah s'arrêta un instant. Le vent soufflait plus fort ici, et le pont bougeait davantage. Mais Sarah se sentait plus forte. Plus confiante. Elle regarda sa maman et Max, qui l'encourageaient, et un grand sourire se dessina sur son visage.

Elle continua, un pas après l'autre, jusqu'à atteindre l'autre côté. Lorsqu'elle sentit enfin la terre ferme sous ses pieds, elle sentit une vague de fierté l'envahir. Elle l'avait fait. Elle avait affronté sa peur et l'avait surmontée.

"Tu l'as fait ! Tu es incroyable !" s'écria Max, tout excité, en la rejoignant. Sa maman la prit dans ses bras et lui dit : "Je suis tellement fière de toi, Sarah. Tu as été très tellement courageuse aujourd'hui."

Sarah se sentit grande. Ce n'était pas la traversée du pont qui était difficile. Ce qui l'avait été, c'était d'avoir osé faire ce premier pas. Et au moment où elle avait pris ce pas, elle savait que tout devenait possible.

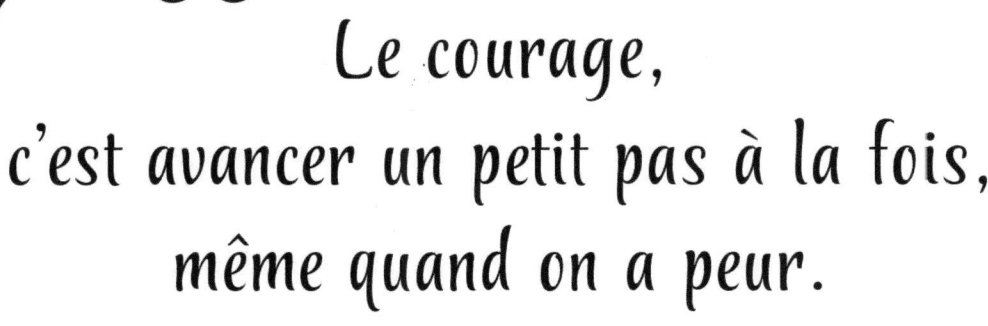

> Le courage,
> c'est avancer un petit pas à la fois,
> même quand on a peur.

Y a-t-il quelque chose que tu as peur de faire, mais que tu aimerais vraiment essayer ? Que pourrais-tu faire, un petit pas à la fois, pour y arriver ?

_____
_____
_____
_____
_____
_____
_____

CAMILLE ET LES ÉTOILES

Camille était une petite fille fascinée par l'univers. Chaque soir, après le dîner, elle sortait dans le jardin avec son télescope, un cadeau de sa tante, pour observer les étoiles. Elle aimait lever les yeux vers le ciel nocturne et se perdre dans les constellations scintillantes.

Camille rêvait de voyager dans l'espace, d'explorer des mondes lointains et de découvrir des galaxies inconnues. Chaque étoile semblait lui chuchoter des secrets, et elle s'imaginait flotter parmi elles, sans aucune limite.

Un après-midi, alors qu'elle parlait de ses rêves d'astronaute avec ses amis à l'école, elle fut surprise par leur réaction.

"Tu veux vraiment devenir astronaute ? C'est super difficile ! Tu sais qu'il faut être très intelligente et travailler dur pour ça, non ?" lui dit son amie Clara, un sourire moqueur aux lèvres.

D'autres acquiescèrent, ajoutant : "Oui, Camille, c'est juste un rêve. Ce n'est pas pour nous."

Camille se sentit déstabilisée. Était-elle en train de rêver trop grand ? Peut-être que son rêve était irréalisable. Pourtant, en rentrant chez elle ce soir-là, elle repensa à tout ce qu'elle avait appris sur l'espace. Les étoiles, les planètes, les trous noirs... elle n'arrivait pas à oublier sa passion. Comment pourrait-elle abandonner ce rêve qui la faisait se sentir aussi vivante ?

Le lendemain, Camille décida qu'elle ne laisserait pas les doutes des autres éteindre sa flamme. Elle se rendit à la bibliothèque de l'école et commença à lire tout ce qu'elle pouvait trouver sur l'astronomie. Elle se plongea dans des livres sur les étoiles, les satellites, les découvertes spatiales, en prenant des notes avec enthousiasme. À chaque nouvelle page, Camille se sentait plus confiante.

Le soir venu, elle observait à nouveau les étoiles, mais cette fois, elle avait un objectif. Elle commença à apprendre les constellations et à lire des articles sur les dernières missions spatiales. Un jour, elle découvrit qu'un club d'astronomie se réunissait chaque mois à la bibliothèque. C'était une occasion en or pour rencontrer d'autres passionnés et partager ses connaissances !

Le soir venu, elle observait à nouveau les étoiles, mais cette fois, elle avait un objectif. Elle commença à apprendre les constellations et à lire des articles sur les dernières missions spatiales. Un jour, elle découvrit qu'un club d'astronomie se réunissait chaque mois à la bibliothèque. C'était une occasion en or pour rencontrer d'autres passionnés et partager ses connaissances !

Lors de sa première réunion, Camille était un peu nerveuse, mais elle fut accueillie chaleureusement par des membres plus âgés qui partageaient la même passion. Ils parlaient des missions à destination de Mars, des astronautes célèbres et des avancées en matière de technologies spatiales. Camille se sentit chez elle. Elle posa des questions, écouta attentivement, et se rendit vite compte qu'elle n'était pas seule à rêver d'exploration spatiale.

Les mois passèrent, et Camille se donna un nouveau défi : préparer une présentation sur les étoiles et les planètes pour sa classe. Le jour de la présentation, elle était nerveuse, mais elle savait qu'elle avait travaillé dur. Elle parla de l'étoile polaire, des anneaux de Saturne et de la voie lactée, et bientôt, ses camarades l'écoutaient attentivement. Ses amis, qui l'avaient d'abord découragée, étaient maintenant fascinés par sa passion.

À la fin de la présentation, Camille ressentit une immense fierté. Ses camarades applaudirent, et même Clara vint lui dire : "Tu sais quoi, Camille ? Peut-être que tu pourrais vraiment le faire. C'était impressionnant !" Camille sourit, émue par ces mots. Elle comprit que ses rêves étaient à elle, et qu'il n'y avait pas de limite à ce qu'elle pouvait accomplir.

Encouragée par le soutien de sa famille et de ses amis, Camille continua de nourrir son rêve d'astronaute. Elle savait que ce serait un long chemin, mais elle était prête à relever tous les défis. Chaque nuit, elle regardait les étoiles, non pas avec l'idée d'être juste une rêveuse, mais avec la conviction qu'elle pourrait un jour les toucher.

Un soir, alors qu'elle observait une pluie d'étoiles filantes, Camille fit un vœu. Pas pour devenir astronaute, mais pour avoir le courage de poursuivre ses rêves, peu importe les obstacles. Elle savait qu'être extraordinaire, c'était avant tout croire en soi et ne jamais abandonner ce qui nous fait vibrer.

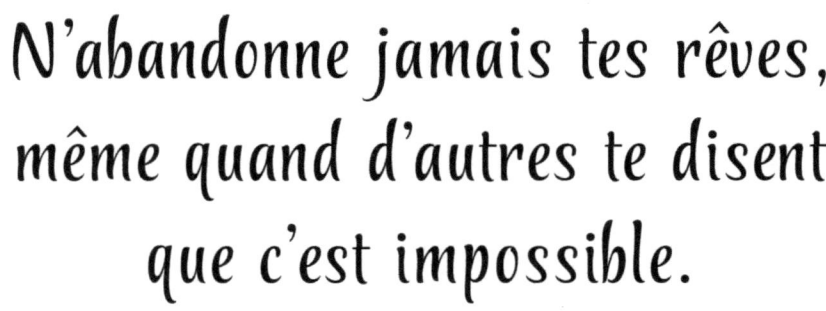

Quel est le rêve que tu aimerais poursuivre, même si d'autres te disent que c'est impossible ? Quelles actions pourrais-tu entreprendre pour te rapprocher de ton rêve ?

LE JARDIN SECRET DE JADE

Jade était une petite fille curieuse et pleine d'imagination. Chaque jour, après l'école, elle aimait se promener dans le parc près de chez elle. C'était un endroit calme, où les arbres se balançaient doucement au rythme du vent et où les oiseaux chantaient.

Un jour, alors qu'elle marchait près de la vieille clôture qui séparait le parc du reste du quartier, elle aperçut quelque chose d'étrange. Il y avait une petite porte, presque cachée par des buissons épais. Intriguée, Jade s'approcha et, poussée par une curiosité grandissante, elle réussit à ouvrir la porte.

Ce qu'elle découvrit derrière la porte la fit sourire : un jardin secret. Un jardin abandonné, envahi par les ronces et les mauvaises herbes. Les fleurs qui autrefois devaient y pousser étaient maintenant noyées sous une mer de végétation sauvage. Mais malgré le chaos qui régnait, Jade sentait quelque chose de magique dans cet endroit, comme si ce jardin cachait un secret qu'il attendait d'être découvert.

Le soir même, Jade ne pouvait s'empêcher de repenser à ce jardin. Elle se demandait ce qu'il serait devenu si quelqu'un en avait pris soin. Une idée germa dans sa tête : et si elle faisait revivre ce jardin ? Elle savait que cela serait difficile, mais elle avait vu suffisamment de films et écouté suffisamment d'histoires pour savoir qu'avec un peu de travail et beaucoup de patience, des merveilles pouvaient émerger de n'importe où.

Le lendemain après l'école, Jade revint avec une petite pelle, un arrosoir, et des gants de jardinage. Elle était prête à transformer cet endroit abandonné en un véritable havre de paix. Elle commença par arracher les mauvaises herbes et couper les ronces. Chaque jour, après l'école, elle revenait, déterminée. Jade arrosait la terre, prenait soin des graines qu'elle plantait, et rêvait de voir ce jardin se transformer sous ses mains.

Mais les jours passaient, et rien ne se passait. Jade revenait chaque jour, mais le sol restait nu et stérile. Les graines semblaient ne jamais vouloir germer, et la frustration commençait à envahir son cœur. "Peut-être que je ne suis pas faite pour ça", pensait-elle parfois, en voyant le jardin qui ne changeait pas. Ses mains étaient couvertes de terre, mais rien n'apparaissait. Elle se demandait si cela en valait vraiment la peine.

Un jour, alors qu'elle s'apprêtait à repartir avec une nouvelle vague de découragement, elle se rappela une conversation avec sa maman. "Les meilleures choses prennent du temps, Jade. Ce n'est pas parce qu'on ne voit pas les résultats tout de suite que les efforts ne comptent pas." Ces paroles résonnèrent dans son esprit. Elle décida de continuer, malgré le manque de résultats immédiats. Après tout, elle aimait ce jardin, et l'amour qu'elle y mettait finirait par porter ses fruits.

Les semaines passèrent, et enfin, un matin, Jade aperçut un petit bout de vert, là, au milieu de la terre. Elle se précipita vers lui, un sourire immense sur le visage. Peu à peu, d'autres pousses apparurent. Les fleurs commencèrent à émerger, petites touches de couleur qui donnaient vie à cet endroit qu'elle avait tant aimé.

Au fur et à mesure, le jardin se transforma. Des roses aux pétales rose pâle, des tournesols géants, des pensées multicolores... Chaque plante, chaque fleur semblait lui dire : "Bravo, Jade ! Tu as eu de la patience, et tu as cru en toi." Jade passait des heures à observer son jardin, émerveillée par la beauté de ce qu'elle avait créé. Elle savait que chaque fleur était le fruit de son travail, de ses efforts et de sa détermination.

Un après-midi, elle invita sa meilleure amie, Clara, à venir voir son jardin secret.

Clara, les yeux grands ouverts, s'écria : "C'est magnifique ! Comment as-tu fait ?" Jade lui expliqua tout. Comment elle avait pris soin de chaque graine, comment elle avait arrosé la terre et enlevé les mauvaises herbes, et surtout, comment elle n'avait jamais abandonné.

Ce jour-là, en admirant son jardin en fleurs, Jade comprit une chose très importante : faire grandir quelque chose de beau prend du temps, mais chaque petit geste compte. Et que, tout comme dans la vie, parfois il faut être patient et croire que le résultat en vaut la peine, même si on ne le voit pas tout de suite.

Le jardin de Jade était devenu plus qu'un simple espace de verdure. C'était un lieu où elle se sentait forte et fière, un endroit qui lui rappelait que les rêves, tout comme les plantes, avaient besoin de soin, d'amour et de patience pour s'épanouir.

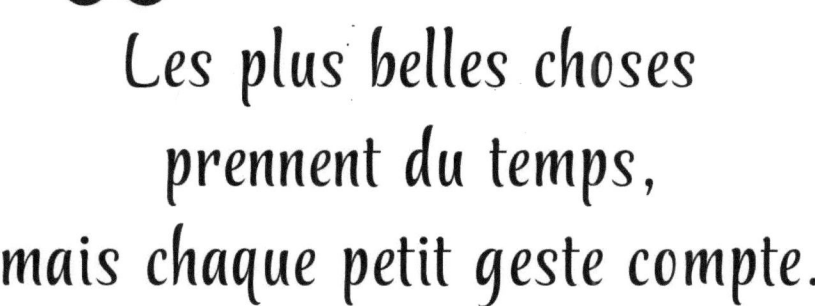

> « Les plus belles choses
> prennent du temps,
> mais chaque petit geste compte. »

As-tu déjà pris le temps de faire quelque chose, même si cela prenait longtemps, et été contente du résultat ?

....

....

....

....

....

....

....

....

LE COURAGE DE SOPHIE

Sophie était une jeune fille toujours prête à aider ses amis. Elle adorait passer du temps avec eux et faisait de son mieux pour leur faire plaisir, que ce soit en participant à des projets scolaires ou en acceptant leurs idées, même quand elles n'étaient pas toujours les siennes. Pourtant, Sophie avait un petit souci : elle détestait être en désaccord avec les autres. Elle avait peur qu'en disant non, ses amis la rejettent ou qu'ils pensent qu'elle ne voulait pas passer un bon moment avec eux.

Un après-midi, alors qu'ils se retrouvaient au parc après l'école, Sophie et ses amis discutaient des plans pour le week-end. Sarah, l'une de ses amies les plus proches, proposa une idée qui fit immédiatement frémir Sophie. "Et si on se faisait une soirée pyjama chez moi, avec des vidéos et de la pizza ? Mais cette fois, on pourrait essayer quelque chose de marrant, comme un petit défi avec des gages." Les autres amis étaient enthousiastes à l'idée, et chacun se mit à proposer des gages de plus en plus farfelus.

Le jour de la soirée pyjama, Sophie était excitée à l'idée de passer un bon moment avec ses amies, mais une petite inquiétude persistait dans son esprit. Une fois installées dans le salon, les filles commencèrent à échanger leurs idées sur les jeux à faire pendant la soirée. C'est alors que Sarah, toute enthousiaste, lança un défi : "Et si on écrivait plusieurs défis sur des papiers et qu'on les tirait au sort ? Ce serait super amusant !" Les filles étaient d'accord, et c'est alors que Sarah proposa l'un des défis les plus audacieux. "On pourrait aller dans le parc et faire une danse ridicule en plein milieu de l'allée ! Ce serait trop drôle, non ?"

Les filles éclatèrent de rire en imaginant la scène, et toutes étaient d'accord pour que ce défi fasse partie des options à essayer. Sophie sourit, mais au fond, un malaise naquit en elle. L'idée de danser de façon absurde devant tout le monde, surtout dans un parc public, la gênait beaucoup. Mais elle n'osa rien dire. Après tout, elle ne voulait pas être celle qui casserait l'ambiance. Sophie essaya de se rassurer, se disant qu'il y aurait d'autres activités où elle se sentirait plus à l'aise. Malgré tout, l'idée de la danse ridicule restait dans un coin de sa tête, et elle commença à angoisser à l'idée de devoir la réaliser.

La soirée se passa dans la joie et les rires, et le moment du fameux défi arriva enfin. Elles étaient toutes prêtes à tirer un papier du chapeau pour découvrir quel gage elles devaient relever. Lorsque ce fut au tour de Sophie, elle n'osa pas regarder ce qu'il y avait écrit. Le cœur battant, elle tira un papier et, à sa grande surprise, ce fut le fameux gage de la danse ridicule dans le parc. Un frisson de gêne la traversa. Elle ne s'était pas attendue à ce que ce défi apparaisse si rapidement, mais maintenant qu'il était là, elle ne pouvait plus reculer.

Les filles étaient ravies. Sarah, toute excitée, lança : "Allez, on y va maintenant ! C'est le moment ! On va danser comme des folles au milieu de l'allée !" Les autres étaient déjà prêtes à sortir, riant de l'idée de se donner en spectacle. Sophie, quant à elle, n'arrivait pas à se débarrasser du malaise qui lui serrer la gorge. Pourquoi ai-je accepté ce défi ? pensa-t-elle, le ventre noué. Mais elle savait aussi que si elle ne participait pas, elle risquait de se sentir exclue.

Arrivées au parc, les filles se mirent en cercle sur l'herbe, prêtes à relever le défi. Le vent soufflait doucement, et quelques rares promeneurs passaient au loin, mais tout semblait calme. C'était l'instant parfait pour une danse ridicule en public. Sophie observa ses amies se préparer à se lancer, mais une pensée l'arrêta net : Et si cela me faisait me sentir mal ? Et si je ne voulais pas le faire ? La peur de l'embarras se faisait de plus en plus présente. Elle se tourna vers Sarah, qui était déjà en train de chercher une musique à mettre sur son téléphone.

Sophie sentit un poids sur ses épaules. Mais soudain, elle se rappela quelque chose que sa mère lui avait souvent dit : "Il est important de toujours écouter ton cœur et de respecter tes propres limites." Elle ferma les yeux un instant, respirant profondément. Elle avait une décision à prendre, et elle savait que c'était le moment de dire non.

Avec une voix plus calme qu'elle ne l'aurait imaginé, elle s'approcha de Sarah et des autres.

"Les filles, j'ai réfléchi, et je crois que je préfère ne pas faire ce défi. Je ne me sens pas à l'aise de danser comme ça, en public. Je vous aime, mais je préfère respecter mes limites."

Un silence se fit. Sophie sentit son cœur s'emballer, mais elle n'avait pas l'intention de revenir sur sa décision. À sa grande surprise, Sarah la regarda avec un sourire doux.

"Je comprends, Sophie. C'est totalement ok. Tu n'as pas à faire quelque chose qui te met mal à l'aise."

Les autres filles acquiescèrent, et bien que l'idée de danser leur paraissait encore drôle, elles respectèrent le choix de Sophie. Elles continuèrent à discuter entre elles et décidèrent de faire un autre défi à la place, sans aucune pression. Toute la soirée continua dans la bonne humeur, et Sophie se sentit soulagée. Elle avait écouté ses propres désirs et avait su s'affirmer, sans se soucier de ce que les autres auraient pu penser.

En rentrant chez elle, Sophie se sentit fière d'elle-même. Elle avait trouvé le courage de dire non, non pas parce qu'elle voulait décevoir ses amies, mais parce qu'elle avait appris à se respecter. Et ce soir-là, en s'endormant, elle sourit, se promettant de toujours écouter son cœur, même dans les moments où cela semblait difficile.

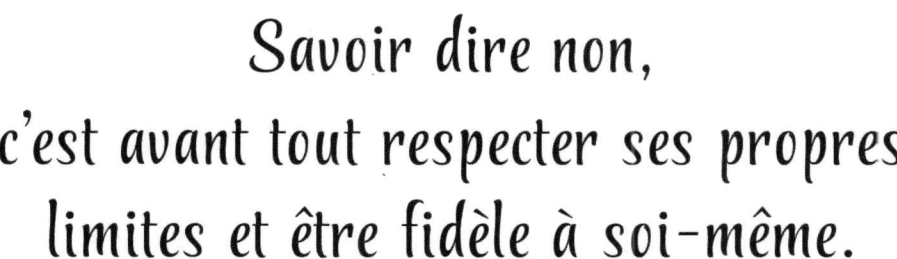

As-tu déjà eu à dire non à quelque chose que tu ne voulais pas faire, même si cela te mettait mal à l'aise ? Comment as-tu réagi et comment te sentais-tu après ?

LE TALENT SECRET D'EMMA

Emma était une fille discrète. Elle aimait passer du temps avec ses amis, mais elle ne se sentait jamais aussi talentueuse qu'eux. À l'école, elle voyait ses camarades briller dans différents domaines : danse, chant, dessin, sport... Elle, en revanche, ne se faisait jamais remarquer. Elle avait souvent l'impression d'être "juste Emma", sans rien de spécial à offrir.

Un jour, l'école annonça un événement excitant : un grand spectacle de talents aurait lieu dans deux semaines. Tous les élèves pouvaient s'inscrire et présenter quelque chose devant l'école entière. La nouvelle fit l'effet d'une bombe dans la classe.

" Oh, je vais faire une chorégraphie avec Lily ! " s'exclama Julie.
" Moi, je vais jouer du piano ! " ajouta Tom avec enthousiasme.
" Et si on faisait une pièce de théâtre ensemble ? " proposa Nathan.

Tout le monde débordait d'idées, et Emma sentit une boule se former dans son ventre.

" Et toi, Emma ? Tu vas présenter quoi ? " demanda Sarah.
Emma rougit et haussa les épaules.

" Je… je ne sais pas. "

Elle savait très bien ce qu'elle aimait faire : écrire. Depuis des années, elle remplissait des carnets entiers de poèmes et de petites histoires. Mais jamais elle ne les avait montrés à qui que ce soit. Ce n'était qu'un passe-temps, quelque chose qu'elle gardait pour elle. "Qui voudrait écouter un poème ?", se dit-elle en secouant la tête.

Le lendemain, la maîtresse annonça qu'il ne restait plus qu'un jour pour s'inscrire. Emma sentit son cœur s'accélérer. Devait-elle tenter sa chance ? Non… Trop risqué. Elle n'était pas une artiste, et surtout, elle n'aimait pas être le centre de l'attention.

Mais en rentrant chez elle, elle trouva son petit frère assis sur son lit, son carnet ouvert sur les genoux.

" Max ! s'écria-t-elle. Pourquoi tu lis ça ?"
" Je voulais voir ce que tu écrivais… C'est trop bien, Emma ! "

Emma lui arracha le carnet des mains, le cœur battant.

" C'est privé ! "

Max la regarda avec sérieux.

" Tu devrais lire un de tes poèmes au spectacle. "
" N'importe quoi, personne ne voudra écouter ça. "
" Moi, j'aimerais bien. "

Emma resta silencieuse. Et si son frère avait raison ?

Le lendemain, sans trop réfléchir, elle inscrivit son nom sur la liste des participants.

Elle regretta aussitôt. "Mais qu'est-ce que j'ai fait ? Je ne pourrai jamais lire un poème devant tout le monde !"

Les jours passèrent, et plus la date du spectacle approchait, plus Emma se sentait nerveuse. Chaque soir, elle s'entraînait devant son miroir, mais elle se trouvait ridicule. Et si elle bafouillait ? Et si les autres se moquaient ?

La veille du spectacle, elle était sur le point d'abandonner. Elle prit son carnet et s'apprêtait à barrer son nom de la liste quand une main se posa sur son épaule.

" Tu vas vraiment laisser tomber ? " C'était Sarah.

" Je... Je crois que je ne suis pas prête. "

" Moi, je crois surtout que tu as peur ", répondit Sarah avec un sourire. Ce que tu écris est magnifique, Emma. Ne garde pas ça pour toi.

Ces mots résonnèrent dans la tête d'Emma toute la nuit.

Le lendemain, le spectacle commença. Emma attendait son tour en coulisses, les jambes tremblantes. Devant elle, Julie et Lily terminèrent leur danse sous une pluie d'applaudissements.

Puis son nom fut appelé.

Elle sentit une chaleur monter en elle. Son cœur battait à toute vitesse. Elle voulait fuir.

Mais alors qu'elle s'avançait sur scène, son regard croisa celui de Max, assis au premier rang. Il lui fit un grand sourire et leva les pouces.

Elle prit une grande inspiration et ouvrit son carnet.

" Ce poème s'appelle La lumière cachée. "

Sa voix était d'abord hésitante. Mais au fil des vers, elle sentit une force nouvelle l'envahir. Elle mit tout son cœur dans sa lecture, laissant ses émotions s'exprimer à travers les mots.

La salle était silencieuse. Tous l'écoutaient, captivés.

Quand elle termina, un instant de flottement suivit. Puis, un tonnerre d'applaudissements retentit.

Emma sentit les larmes lui monter aux yeux. Elle l'avait fait. Elle avait osé.

À la sortie de la scène, Sarah et ses autres amis l'entourèrent.

" C'était incroyable ! " s'exclama Julie.
" Tu as un vrai talent, Emma ", ajouta Tom.

Emma sourit. Pour la première fois, elle ne se sentait plus "juste Emma". Elle se sentait unique.

Et ce jour-là, elle comprit que parfois, les plus beaux talents sont ceux que l'on garde cachés... jusqu'au moment où l'on trouve le courage de les révéler.

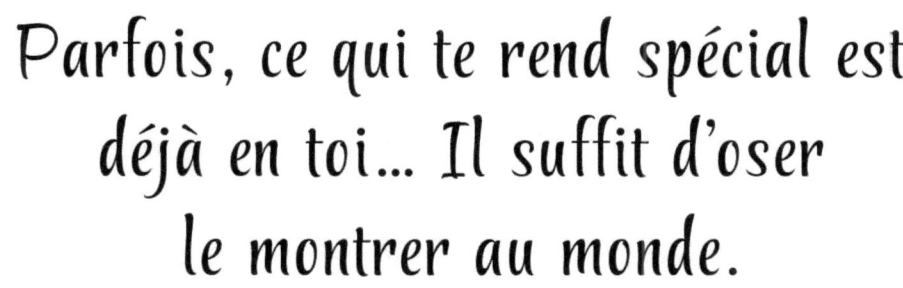

> « Parfois, ce qui te rend spécial est déjà en toi... Il suffit d'oser le montrer au monde. »

Y a-t-il quelque chose que tu aimes faire, mais que tu n'as jamais essayé de partager avec les autres ? Qu'est-ce qui t'empêche de le faire ?

....
....
....
....
....
....
....

LA COURSE DE CLARA

Clara adorait courir. Depuis qu'elle était petite, elle aimait sentir le vent sur son visage et le sol résonner sous ses pieds. Courir lui donnait un sentiment de liberté, comme si rien ne pouvait l'arrêter. Cette année, elle s'était inscrite à la grande course de l'école, un événement où tous les élèves participaient avec enthousiasme.

Depuis des semaines, elle s'entraînait après l'école, courant dans le parc, chronométrant ses performances. Elle rêvait de franchir la ligne d'arrivée parmi les premiers.

Le jour de la course arriva enfin. L'atmosphère était électrique. Les élèves s'échauffaient, les parents étaient rassemblés pour encourager leurs enfants, et le terrain était délimité par des banderoles colorées. Clara sentait son cœur battre fort, un mélange d'excitation et de nervosité.

Elle se plaça sur la ligne de départ, ses jambes prêtes à bondir.

"Tu vas tout déchirer, Clara !" lança son amie Léa avec un grand sourire.

Elle hocha la tête, déterminée.

Le coup de sifflet retentit, et tous s'élancèrent à toute vitesse.

Clara sentit immédiatement l'adrénaline monter. Ses jambes bougeaient avec force et rapidité, et elle était parmi les premières. Elle pouvait presque entendre son cœur battre en rythme avec ses foulées.

Mais alors qu'elle accélérait dans un virage, son pied heurta une pierre cachée sous l'herbe. Tout se passa en une fraction de seconde : elle perdit l'équilibre, tenta de se rattraper, mais s'effondra lourdement sur le sol.

Un silence sembla envelopper son esprit tandis qu'une douleur vive traversait son genou. Elle resta allongée quelques secondes, le souffle coupé. Lorsqu'elle releva la tête, elle vit les autres coureurs continuer sans elle. Son rêve de finir parmi les premiers venait de s'effondrer.

Elle sentit les larmes lui monter aux yeux. "Pourquoi maintenant ? J'avais tellement travaillé pour cette course..."

Elle entendit des murmures autour d'elle. Des spectateurs, des camarades… Tous se demandaient si elle allait abandonner.

Clara baissa les yeux sur son genou éraflé et prit une profonde inspiration. Son corps lui criait de rester là, d'abandonner. Mais une voix intérieure, plus forte, lui souffla autre chose : "Le plus important n'est pas d'être la première… mais de finir ce que tu as commencé."

Elle serra les poings, posa ses mains au sol et se releva lentement. Son genou la lançait, mais elle ignora la douleur. Elle fit un pas, puis un autre.

Puis elle se remit à courir.

Au début, ses jambes tremblaient. Mais au fur et à mesure qu'elle avançait, elle retrouva son rythme. Elle n'était plus en tête, mais cela n'avait plus d'importance. Chaque pas était une victoire contre le doute, contre l'envie d'abandonner.

Elle entendit des applaudissements. Des élèves, des parents, des amis qui l'encourageaient.

"Allez, Clara !"

Léa était au bord du chemin, les mains en porte-voix.

Un sourire se dessina sur le visage de Clara.

Elle accéléra.

Quand elle franchit enfin la ligne d'arrivée, son cœur battait à tout rompre. Une vague de soulagement et de fierté l'envahit.

Léa se précipita vers elle et la serra dans ses bras.

"Tu l'as fait !"

Clara regarda son genou ensanglanté et éclata de rire. Elle n'avait peut-être pas gagné la course, mais elle avait gagné quelque chose de bien plus précieux : la certitude qu'elle était capable de se relever, peu importe les obstacles.

Ce jour-là, elle comprit que la véritable victoire n'était pas d'arriver en premier, mais d'avoir le courage de continuer, même quand tout semblait perdu.

> **" Le vrai courage,
> ce n'est pas de ne jamais tomber...
> c'est de toujours se relever. "**

Peux-tu penser à un moment où tu as dû faire face à un obstacle ? Qu'est-ce qui t'a donné la force de continuer, même si c'était difficile ?

....
....
....
....
....
....
....
....

LE GRAND CŒUR DE LINA

ina était une fille au grand cœur. Toujours attentive aux autres, elle remarquait facilement quand quelqu'un se sentait triste ou isolé. Contrairement à ses camarades, qui riaient et jouaient sans se poser de questions, elle prenait le temps d'observer. Elle savait que parfois, un simple mot ou un geste gentil pouvait illuminer la journée de quelqu'un.

Un jour, à l'école, Lina remarqua une nouvelle élève, Zoé, assise seule au fond de la cour. Elle ne parlait à personne, jouait avec un petit caillou du bout des doigts et semblait perdue dans ses pensées. Lina observa quelques élèves passer devant elle sans même la voir.

"Pourquoi personne ne va lui parler ?" pensa Lina.

Elle se rappela alors son propre premier jour d'école. Elle s'était sentie exactement comme Zoé : invisible, intimidée par l'agitation autour d'elle. Mais ce jour-là, une camarade lui avait souri et l'avait invitée à jouer. Ce simple geste avait tout changé.

Déterminée, Lina s'approcha de Zoé et lui lança un sourire chaleureux.

"Salut ! Tu veux venir jouer avec nous ?"

Zoé releva les yeux, surprise. "Je... je ne sais pas. Je crois que je préfère rester ici."

Lina ne se laissa pas décourager. Elle s'assit à côté d'elle. "C'est ton premier jour ici, non ?"

Zoé hocha la tête.

"Je me souviens quand je suis arrivée dans cette école. J'avais peur de ne pas me faire d'amis. Mais tu sais quoi ? Tout le monde est plus sympa qu'il n'y paraît !" dit Lina en riant doucement.

Zoé esquissa un petit sourire.

"Tu veux que je te raconte une histoire drôle sur mon premier jour ?"

Zoé acquiesça timidement. Lina commença alors à raconter comment, en voulant impressionner ses camarades, elle avait couru trop vite en sport et avait fini par atterrir dans un bac à sable.

Zoé éclata de rire.

Lina se réjouit de voir son visage s'illuminer. "Tu vois, tout le monde a déjà eu un moment un peu gênant ! Tu n'as pas besoin d'avoir peur."

Après quelques minutes de discussion, Lina se leva et tendit la main à Zoé.

"Allez, viens. Je suis sûre que tu t'amuseras avec nous."

Zoé hésita une seconde, puis saisit la main de Lina.

Lorsqu'elles arrivèrent près du groupe, quelques enfants les regardèrent avec curiosité. Lina s'adressa à eux avec enthousiasme :

"Les amis, voici Zoé ! Elle vient d'arriver et elle est super sympa."
Léa, une des camarades de Lina, sourit. "Bienvenue, Zoé ! Tu veux jouer avec nous ?"

Zoé acquiesça timidement, mais un éclat de bonheur brillait dans ses yeux.

Tout au long de la récréation, Lina resta près de Zoé, l'encourageant, l'intégrant aux jeux, s'assurant qu'elle ne se sente jamais seule. Peu à peu, Zoé se détendit et commença à rire avec les autres.

À la fin de la journée, alors que tout le monde rangeait ses affaires, Zoé se tourna vers Lina.

"Merci, Lina. J'avais vraiment peur ce matin... mais grâce à toi, je me sens bien ici."

Lina sourit, le cœur réchauffé par ces mots.

Elle avait compris quelque chose d'important ce jour-là : parfois, un simple sourire, une parole gentille, pouvait tout changer pour quelqu'un.

Ce n'était pas grand-chose pour elle, mais pour Zoé, c'était énorme.

> **Être gentil et attentif aux autres peut illuminer leur journée.**

As-tu déjà vu quelqu'un seul ou triste ? Qu'as-tu fait (ou que pourrais-tu faire) pour lui montrer qu'il n'est pas seul ?

....
....
....
....
....
....
....

LES RÊVES DE LUCIE L'INVENTRICE

Lucie était une fille pleine d'imagination. Dès qu'elle avait un moment libre, elle s'enfermait dans sa petite cabane au fond du jardin, qu'elle appelait son "laboratoire secret". Là, entourée de bouts de bois, de fils électriques, de boîtes en carton et de vieux jouets cassés, elle donnait vie à ses idées. Rien ne l'amusait plus que d'assembler, démonter, tester et parfois... échouer.

Un jour, son institutrice annonça une grande nouvelle : un concours d'inventions allait être organisé dans leur école. Le thème ? Créer quelque chose qui pourrait aider les autres au quotidien. Lucie sentit son cœur s'emballer. C'était l'occasion rêvée de montrer ce dont elle était capable !

Mais une fois rentrée chez elle, l'excitation fit place aux doutes. Et si mes idées n'étaient pas assez bonnes ? Et si les autres faisaient mieux que moi ?

Malgré ces pensées, elle se força à chercher une idée. Dans son "laboratoire", elle observa chaque objet, chaque outil, espérant un éclair de génie. Elle griffonna des croquis, ratura, recommença... mais rien ne lui semblait assez original.

Elle finit par s'affaler sur son tabouret, découragée. Elle se souvenait de ce que lui disait son père, un passionné de bricolage :

"Les meilleures inventions naissent de la patience et de la persévérance. N'abandonne jamais trop vite."

Cette phrase lui redonna un peu d'espoir. Elle ferma les yeux et se mit à réfléchir autrement. Qu'est-ce qui lui tenait à cœur ? À quoi rêvait-elle ?

C'est alors qu'elle entendit un bruit familier : son petit frère, Tom, essayait d'enfiler ses chaussures... sans succès. Il pestait, tirait sur les lacets trop serrés, et finit par abandonner, frustré.

Lucie sourit. Et si elle inventait des chaussures que tout le monde pourrait enfiler facilement, sans se battre avec les lacets ?

Elle se leva d'un bond et se mit immédiatement au travail. Elle découpa du tissu, récupéra des scratchs d'anciens sacs à dos, trouva des ressorts dans un vieux jouet et commença à assembler son prototype.

Mais comme toujours, les choses ne se passèrent pas comme prévu.

La première version de ses chaussures s'ouvrait trop brutalement. Tom les testa et faillit tomber en arrière ! La deuxième était trop serrée, impossible à enfiler. Et la troisième… était si fragile qu'elle se déchira au premier essayage.

Lucie était frustrée. Elle se demanda si elle ne devait pas tout abandonner.

Mais elle repensa aux mots de son père. "Les erreurs font partie du chemin. Chaque problème a une solution."

Alors, au lieu de se décourager, elle observa attentivement ce qui n'allait pas. Et si elle remplaçait les ressorts par un mécanisme plus doux ? Et si elle utilisait un matériau plus souple pour éviter que la chaussure ne se déchire ?

Elle passa la soirée à améliorer son invention, testant encore et encore, ajustant les moindres détails. Enfin, après plusieurs essais, elle obtint un modèle qui fonctionnait parfaitement. Les chaussures magiques s'adaptaient au pied dès qu'on les enfilait !

Le jour du concours arriva. Lucie était nerveuse en voyant les inventions de ses camarades : un robot pour faire les devoirs, un sac à dos avec des panneaux solaires, une gourde qui purifiait l'eau... Toutes ces idées semblaient incroyables.

Quand vint son tour, elle prit une grande inspiration et expliqua son projet. Puis elle demanda à Tom de faire la démonstration.

Il posa son pied dans la chaussure... et hop ! Elle s'adapta immédiatement à sa taille. Plus besoin de tirer sur des lacets ou d'avoir du mal à les enfiler. Les membres du jury échangèrent des regards impressionnés.

Après un moment de silence, des applaudissements éclatèrent.

Quelques minutes plus tard, le jury annonça le résultat : Lucie avait remporté le premier prix !

Sous le choc, elle monta sur l'estrade pour récupérer son trophée. Elle n'arrivait pas à y croire ! Elle avait gagné !

Mais alors qu'elle serrait son prix contre elle, elle se rendit compte d'une chose... Ce n'était pas cette médaille qui la rendait la plus heureuse. Ce qu'elle avait vraiment gagné, c'était quelque chose de bien plus précieux : la certitude qu'elle pouvait croire en ses idées et que l'échec n'était qu'une étape vers la réussite.

Elle réalisa que l'important n'était pas seulement de gagner, mais de persévérer, d'apprendre et de ne jamais cesser d'inventer.

En rentrant chez elle, le cœur léger, elle se dit qu'elle allait continuer à créer, non pas pour remporter des prix, mais parce que rien ne la rendait plus heureuse que de donner vie à ses idées.

> L'imagination et la persévérance transforment les rêves en réalité.

Si tu pouvais inventer quelque chose pour aider les autres, qu'est-ce que ce serait ?

....

....

....

....

....

....

....

ALICE ET LE POUVOIR DE L'INSTANT PRÉSENT

Alice était une fille vive et intelligente, mais son esprit était toujours en mouvement. Elle repensait sans cesse aux erreurs qu'elle avait faites ou s'inquiétait de ce qui pourrait arriver. En classe, elle se demandait si elle avait bien répondu aux questions du dernier contrôle. À la maison, elle se demandait si sa meilleure amie était fâchée contre elle parce qu'elle avait oublié de lui répondre. Et le soir, en s'endormant, elle imaginait mille scénarios de ce qui pourrait mal tourner le lendemain.

Un jour, alors qu'elle était plongée dans ses pensées, sa tante Claire lui proposa une sortie au bord du lac. Alice hésita. Je n'ai pas le temps, j'ai trop de choses en tête, pensa-t-elle. Mais sa tante insista avec un sourire :

" Viens, ça va te faire du bien. Juste une petite promenade. "

À contrecœur, Alice accepta.

Quand elles arrivèrent au lac, le paysage était magnifique. L'eau scintillait sous les rayons du soleil, les oiseaux chantaient, et une légère brise faisait frissonner la surface du lac. Pourtant, Alice ne remarqua rien de tout cela. Son esprit était ailleurs, occupé à analyser chaque détail de sa journée.

Sa tante s'assit sur un vieux ponton en bois et tapota la place à côté d'elle.

" Viens, Alice. Regarde autour de toi. "

Alice s'assit, mais son regard restait perdu dans le vide. Claire prit un petit caillou et le lança doucement dans l'eau. Des cercles concentriques se formèrent, s'élargissant lentement à la surface.

" Tu vois ce caillou ? demanda Claire. Il est tombé dans l'eau et a créé des vagues... mais elles finissent toujours par s'apaiser.

Alice observa les ondulations disparaître, puis sa tante continua :

" Nos pensées sont comme ces vagues. Si on s'accroche trop au passé ou qu'on s'inquiète trop du futur, notre esprit devient agité. Mais si on apprend à vivre le moment présent, on retrouve notre calme... comme l'eau du lac. "

Alice resta silencieuse. Elle comprenait ce que sa tante voulait dire, mais comment faire pour arrêter de penser tout le temps ?

Claire se leva et lui tendit la main.

" Viens, on va essayer quelque chose. "

Elles quittèrent le ponton et commencèrent à marcher le long du lac.

" Regarde autour de toi, Alice. Que vois-tu ? "

Alice haussa les épaules.

" Je ne sais pas... l'eau, les arbres... "

" D'accord, mais regarde vraiment. Regarde comment les rayons du soleil jouent avec les reflets sur l'eau. Regarde la manière dont les feuilles dansent avec le vent. Écoute le chant des oiseaux, le bruissement des roseaux... Ressens l'air frais sur ta peau. "

Alice prit une profonde inspiration et essaya de faire ce que sa tante disait. Petit à petit, elle se rendit compte de tout ce qu'elle avait ignoré en étant plongée dans ses pensées. Le chant des oiseaux était plus mélodieux qu'elle ne l'avait jamais remarqué.

L'eau semblait danser sous le soleil. Elle sentit l'herbe sous ses pieds et la brise caresser son visage.

Elle se surprit à sourire.

Pour la première fois depuis longtemps, elle n'était pas en train de penser au passé ou au futur. Elle était simplement là, dans l'instant présent.

Le reste de la promenade fut différent. Alice se sentit légère, comme libérée d'un poids invisible. Quand elles revinrent vers le ponton, elle s'assit à nouveau et observa le lac, mais cette fois avec un regard neuf.

" Alors, comment tu te sens ? " demanda Claire.

" Bien... apaisée ", répondit Alice avec sincérité.

" C'est ça, le pouvoir de l'instant présent ", dit Claire avec un clin d'œil.

Le lendemain, Alice essaya d'appliquer cette leçon dans sa vie quotidienne. Au lieu de s'inquiéter pour le contrôle qu'elle avait déjà rendu, elle se concentra sur la leçon du jour. Au lieu de se demander si sa meilleure amie était en colère, elle lui envoya un message pour lui proposer une sortie. Et chaque fois qu'elle sentait son esprit dériver vers des préoccupations inutiles, elle se rappelait le lac, les cercles dans l'eau… et elle revenait à l'instant présent.

Les jours passèrent, et Alice remarqua un changement en elle. Elle riait plus avec ses amis, appréciait davantage les moments en famille et se sentait plus sereine en classe. Elle avait compris une chose essentielle : le passé ne pouvait être changé, et le futur n'était pas encore écrit. Tout ce qui comptait, c'était l'instant qu'elle était en train de vivre.

Un soir, en regardant par la fenêtre de sa chambre, Alice observa les étoiles scintiller dans le ciel. Une brise légère entra par la fenêtre, caressant doucement son visage.

Elle repensa à cette journée au bord du lac et à tout ce que sa tante Claire lui avait appris. Vivre le moment présent…

Alors, au lieu de laisser son esprit s'égarer dans les souvenirs ou les inquiétudes, elle ferma les yeux et prit une profonde inspiration. Elle écouta le souffle du vent dans les arbres, le hululement lointain d'une chouette et le silence paisible de la nuit.

À cet instant précis, elle se sentit libre.

Alice sourit. Elle n'avait pas seulement appris à apaiser son esprit... elle avait découvert une nouvelle façon de vivre.

Et à partir de ce jour, chaque fois que ses pensées tentaient de l'entraîner ailleurs, elle se rappelait ce simple secret : le bonheur était là, juste sous ses yeux, dans chaque instant pleinement vécu.

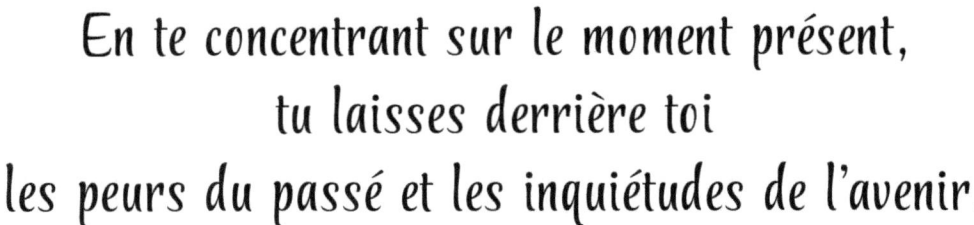

> En te concentrant sur le moment présent,
> tu laisses derrière toi
> les peurs du passé et les inquiétudes de l'avenir.

Peux-tu te souvenir d'un moment où tu étais tellement heureuse que tu as oublié tout le reste ?

....
....
....
....
....
....
....
....

NOÉMIE ET LA MAGIE DES PENSÉES POSITIVES

Noémie adorait l'école, mais il y avait une chose qui la stressait terriblement : les contrôles de mathématiques.

À chaque fois que la maîtresse annonçait un test, son ventre se serrait, son cœur battait trop vite et une petite voix dans sa tête murmurait : "Tu vas échouer. Tu es nulle en maths."

Pourtant, Noémie travaillait dur. Elle faisait ses devoirs avec application et posait des questions quand elle ne comprenait pas. Mais dès qu'elle se retrouvait devant sa copie, tout s'effaçait. Les chiffres dansaient devant ses yeux, son esprit se vidait et la panique l'empêchait de réfléchir.

Un jour, la maîtresse annonça un grand contrôle de mathématiques pour le vendredi suivant. Noémie sentit immédiatement une boule se former dans son ventre. C'est fichu… Je vais encore tout rater.

Inès, sa meilleure amie, la regarda avec inquiétude.

"Tu veux qu'on révise ensemble après l'école ?"

"Ça ne sert à rien..." répondit Noémie en baissant les yeux. "Même quand je révise, j'oublie tout au moment du contrôle."

Inès fronça les sourcils.

"C'est bizarre, parce que tu connais bien tes leçons en classe. Peut-être que c'est juste dans ta tête ?"

Noémie haussa les épaules.

"Si seulement je pouvais contrôler mes pensées..."

Ce soir-là, alors qu'elle faisait ses devoirs, sa grande sœur Camille entra dans sa chambre.

"Tu as l'air préoccupée."

Noémie soupira.

"J'ai un gros contrôle vendredi, et je suis sûre que je vais encore tout rater."

"Camille sourit.

"Qui t'a dit ça ?"

"Moi... enfin, ma tête..." répondit Noémie, gênée.

"Ah-ha !" dit Camille en tapant dans ses mains. "Tu sais que tes pensées sont comme des petites graines ?"

Noémie haussa un sourcil.

"Des graines ?"

"Oui ! Si tu plantes une graine de doute, elle pousse et devient une forêt de peur. Mais si tu plantes une graine de confiance, elle devient un arbre de réussite !"

Noémie réfléchit.

"D'accord... mais comment je fais pour planter une graine de confiance ?"

"Facile ! Chaque fois qu'une pensée négative arrive, transforme-la en une pensée positive. Par exemple, au lieu de dire 'Je vais rater mon contrôle', dis-toi : 'J'ai travaillé, je vais faire de mon mieux.'"

Noémie resta songeuse.

"Ça semble trop simple..."

"Essaie !" dit Camille. "Ton cerveau croit tout ce que tu lui répètes. Alors autant lui raconter des choses positives, non ?"

Noémie décida de tester cette drôle d'idée. Chaque soir avant de dormir, elle répétait : "J'ai bien révisé, je vais y arriver." Chaque matin devant le miroir : "Je suis capable de réussir."

Petit à petit, elle sentit un changement. Son ventre était toujours un peu noué à l'idée du contrôle, mais une nouvelle voix, plus douce, murmurait : "Tu as travaillé, fais-toi confiance."

Enfin, le jour du test arriva.

Quand Noémie reçut sa copie, son cœur se mit à battre fort. Elle sentit la panique monter... mais cette fois, elle se rappela les mots de Camille.

"Respire. Tu connais les réponses."

Elle inspira profondément et lut la première question.

Et là, surprise : elle se souvenait de la réponse !

Avec chaque exercice, elle gagnait en confiance. Son cerveau fonctionnait bien, les souvenirs de ses révisions revenaient naturellement.

Une heure plus tard, elle rendit sa copie avec un sourire. Pour la première fois, elle n'avait pas paniqué !

Le lendemain, la maîtresse distribua les copies corrigées. Noémie avait 16 sur 20 ! Ce n'était pas parfait, mais c'était sa meilleure note en maths depuis très longtemps.

Camille avait raison : changer ses pensées avait tout changé.

En rentrant chez elle, elle se regarda dans le miroir et murmura : "Je suis capable. Je peux réussir."

Et cette fois, elle y croyait vraiment.

>
> Lorsque tu crois en toi, tout devient possible. Tes pensées ont le pouvoir de te guider vers la réussite !
>

As-tu déjà réussi quelque chose en changeant ta façon de penser ? Que t'es-tu dit pour te motiver ? Raconte ton expérience !

....
....
....
....
....
....
....
....

LE DÉFI DE JULIETTE

Juliette était une fille pétillante et créative qui adorait la mode. Depuis toute petite, elle dessinait des croquis de robes, s'amusait à accessoiriser ses tenues et rêvait de devenir styliste. Alors, quand son école annonça un grand défilé où chaque élève devait créer et présenter sa propre tenue, elle sentit son cœur s'emballer. C'était une occasion unique de montrer son talent !

Le concours était simple : chaque participante devait imaginer, coudre ou personnaliser une tenue et défiler devant un jury composé de professeurs et d'élèves. Juliette était enthousiaste… jusqu'à ce qu'elle entende les idées des autres.

Emma, par exemple, voulait recréer une robe inspirée d'un défilé haute couture qu'elle avait vu à la télévision. Léa, de son côté, avait choisi un modèle classique mais élégant, avec une robe en satin bleu nuit brodée de perles scintillantes. Chloé, elle, avait même demandé à sa grand-mère couturière de l'aider à coudre une tenue sophistiquée.

En voyant tout cela, Juliette sentit le doute s'installer en elle. "Mon idée est trop simple… Trop enfantine… Peut-être que je devrais changer ?" pensa-t-elle. Pourtant, son idée de départ lui plaisait :

elle voulait créer une robe légère et colorée, inspirée des contes de fées, avec des touches modernes.

Un soir, alors qu'elle était plongée dans ses hésitations, sa grande sœur Camille entra dans sa chambre et la trouva assise sur son lit, entourée de bouts de tissus et de croquis froissés.

"Tu as l'air préoccupée, Juju. Tout va bien ?" demanda-t-elle en s'asseyant près d'elle.

Juliette soupira. "J'ai peur que ma création ne soit pas assez bien. Les autres ont des idées incroyables, et moi, j'ai l'impression que la mienne est trop différente…"

Camille lui sourit avec bienveillance. "Tu veux savoir un secret ? Quand j'avais ton âge, j'étais exactement comme toi. Je me comparais aux autres et j'avais peur que mes idées ne soient pas à la hauteur. Mais tu sais ce que j'ai appris ?"

Juliette secoua la tête.

"Ce qui fait la beauté d'une création, ce n'est pas qu'elle ressemble aux autres, mais qu'elle soit unique. Regarde autour de toi : les plus grands stylistes n'essaient pas d'imiter les tendances, ils les créent. Et toi, Juliette, tu as ton propre style. Fais-toi confiance !"

Juliette sentit un frisson d'excitation. Camille avait raison. Ce qui comptait, ce n'était pas de faire comme tout le monde, mais de montrer qui elle était à travers sa création.

Le lendemain, elle se remit au travail avec une énergie nouvelle. Elle choisit un tissu fluide, ajouta des broderies dorées et fit des retouches minutieuses. À chaque coup de ciseaux, chaque point de couture, elle se rappelait les mots de Camille : "Fais-toi confiance."

Les jours passèrent, et Juliette vit les tenues des autres filles prendre forme. Chaque robe était belle à sa manière, mais cette fois, elle ne se laissa pas intimider. Elle savait que sa création représentait ce qu'elle aimait, et c'était tout ce qui comptait.

Le jour du défilé arriva enfin. L'excitation régnait dans les coulisses. Les participantes ajustaient leurs tenues, échangeaient des compliments et se regardaient dans le miroir.

Juliette, elle, avait le cœur qui battait à tout rompre. Et si les autres trouvaient sa robe trop simple ? Et si elle trébuchait en marchant sur scène ?

Mais alors qu'elle prenait une grande inspiration, elle entendit une voix douce derrière elle.

"Ta robe est magnifique, Juliette."

C'était Léa, qui lui souriait sincèrement. "J'adore les couleurs que tu as choisies. Elle te ressemble vraiment."

Juliette sentit un poids disparaître de sa poitrine. Peut-être qu'elle n'avait pas à être parfaite. Peut-être qu'être soi-même, c'était suffisant.

Quand son nom fut appelé, elle prit une dernière grande inspiration et s'avança sur le podium. Les projecteurs l'éblouirent, mais elle ne se laissa pas impressionner. Elle marcha avec assurance, un sourire aux lèvres, portant fièrement sa robe.

À la fin du défilé, les applaudissements résonnèrent dans la salle. Ses amies vinrent la féliciter.

"Tu étais rayonnante, Juliette !" dit Emma.

"On aurait dit une véritable princesse moderne !" ajouta Chloé. Juliette sourit. Elle n'avait peut-être pas remporté le premier prix, mais elle avait gagné bien plus : la confiance en elle.

Le soir, en rentrant chez elle, elle ouvrit son carnet et écrivit : "Aujourd'hui, j'ai compris que ma valeur ne dépend pas de la comparaison avec les autres. Être soi-même, c'est ça, la vraie réussite."

> **Ose être toi-même :
> c'est là que réside ta vraie beauté !**

T'est-il déjà arrivé d'avoir peur que ton idée ou ton style ne soient pas assez bien ? Qu'as-tu fait pour surmonter ce doute ?

....

....

....

....

....

....

....

LINA ET LA MAGIE DE LA GRATITUDE

Lina observait Emma entrer en classe, un tout nouveau sac brillant sur l'épaule et des baskets dernier cri aux pieds. Comme toujours, tout chez elle semblait parfait : ses vêtements à la mode, ses accessoires colorés et son grand sourire.

Lina sentit une pointe d'envie lui serrer le cœur. Elle, elle avait toujours le même sac un peu usé et des chaussures qui avaient déjà bien servi. Ce n'était pas qu'elle manquait de quoi que ce soit, mais en voyant Emma, elle avait l'impression que sa vie était... un peu fade en comparaison.

Ce sentiment la suivit toute la journée. Pendant la récréation, elle resta un peu en retrait pendant que ses amies discutaient avec enthousiasme. "Si seulement j'avais toutes ces belles choses, je serais sûrement plus heureuse", pensa-t-elle.

Le soir, à table, sa maman remarqua son silence. "Tout va bien, ma chérie ?"

Lina haussa les épaules. "Oui... c'est juste que... j'aimerais bien avoir les mêmes affaires qu'Emma. Elle a toujours de super beaux vêtements et de nouvelles choses."

Sa maman lui sourit doucement. "Tu sais, ma Lina, ce que tu ressens est normal, mais as-tu déjà pris le temps de voir tout ce que toi, tu as ?"

Lina fronça les sourcils. "Ben... je ne sais pas."

"Alors, j'ai une petite idée. Que dirais-tu de commencer un carnet de gratitude ? Chaque soir, avant de dormir, tu écris trois choses pour lesquelles tu es reconnaissante."

Lina haussa un sourcil. "Mais... ça sert à quoi ?"

"Essaie, tu verras", répondit simplement sa maman en lui tendant un joli carnet.

Curieuse, Lina se mit à écrire ce soir-là :
1. J'ai mangé mon plat préféré ce soir.
2. Ma meilleure amie Zoé m'a fait rire aujourd'hui.
3. Papa m'a raconté une histoire drôle avant de dormir.

Elle referma le carnet en se sentant un peu plus légère.

Les jours passèrent et Lina continua son carnet avec application. Petit à petit, elle se rendit compte qu'il y avait plein de belles choses dans sa vie : un foyer chaleureux, des parents qui l'aimaient, des fous rires avec ses amies, ses moments de jeu avec son petit frère...

Un matin, en arrivant à l'école, elle surprit Emma seule dans un coin de la cour. Son sourire habituel avait disparu et elle semblait triste. Hésitante, Lina s'approcha.

"Ça va ?" demanda-t-elle timidement.

Emma releva la tête, l'air surpris. "Bof... je suis fatiguée. Mes parents se disputent tout le temps en ce moment, et hier soir, j'ai dormi chez ma tante parce que c'était trop compliqué à la maison."

Lina sentit son cœur se serrer. Elle n'avait jamais imaginé qu'Emma, avec sa vie qui semblait si parfaite, puisse traverser des moments difficiles.

"Je suis désolée", murmura Lina.

Emma haussa les épaules. "C'est pas grave. Mais parfois, j'aimerais juste... être tranquille et avoir une famille comme la tienne. Tu as de la chance."

Ces mots résonnèrent fort dans l'esprit de Lina. Toute cette envie qu'elle ressentait pour les affaires d'Emma... alors qu'Emma, elle, aurait aimé avoir sa vie.

Ce soir-là, Lina écrivit dans son carnet avec une nouvelle compréhension :

1. J'ai une famille qui m'aime et qui est toujours là pour moi.
2. J'ai des amies sincères avec qui je peux être moi-même.
3. J'ai appris aujourd'hui que chacun a ses propres difficultés, même si ça ne se voit pas.

Et en refermant son carnet, Lina se rendit compte qu'elle se sentait bien. Mieux que si elle avait eu un nouveau sac ou une nouvelle paire de chaussures.

Elle avait compris un secret précieux : la vraie richesse n'est pas dans ce que l'on possède, mais dans ce que l'on vit et dans l'amour que l'on reçoit.

Apprécie ce que tu as, car tu as déjà bien plus que tu ne le crois.

Quelles sont trois choses pour lesquelles tu es reconnaissante aujourd'hui ?

....
....
....
....
....
....
....

Toi, Jeune Fille Unique et Extraordinaire !

Hé, toi qui tiens ce livre entre tes mains, j'ai quelque chose de très important à te dire. À travers les histoires de Lina, Juliette, Alice, et d'autres filles courageuses, tu as découvert des personnages qui, comme toi, ont eu des doutes, ont traversé des moments difficiles et ont appris à surmonter leurs peurs. Elles ont découvert qu'elles sont bien plus fortes et plus spéciales qu'elles ne le pensaient. Et toi aussi, tu as cette force en toi. **Tu es une fille extraordinaire.**

Tu sais, parfois on se compare aux autres. On voit les filles autour de nous qui semblent avoir tout ce que l'on rêve d'avoir – la dernière mode, une vie parfaite, ou des talents incroyables. Mais laisse-moi te dire une chose importante : **ce que tu vois à l'extérieur ne montre qu'une petite partie de leur histoire.** Personne n'est parfait, même ceux qui semblent avoir tout. Et parfois, même si elles ont tout ce que l'on envie, les autres peuvent aussi avoir des doutes, des peurs, ou des moments difficiles. Tout le monde, toi comme les autres, traverse des hauts et des bas.

Et c'est ça qui fait la beauté de chacun : **nous avons tous nos propres forces et faiblesses.** Mais la vraie magie, c'est d'apprendre à s'aimer pour qui on est, avec nos qualités, nos défauts, et tout ce qui fait de nous une personne unique. **Ta gentillesse, ton grand cœur, tes rêves, et ta capacité à faire sourire les autres, tout ça fait de toi une fille précieuse.**

Tu n'as pas besoin d'être parfaite, et surtout, **tu ne dois jamais te comparer aux autres**. Toi, tu as quelque chose d'unique : **ton histoire, tes rêves, et ton chemin à parcourir.** Chaque jour, tu grandis un peu plus, tu apprends, et tu deviens la personne incroyable que tu es censée être. La perfection n'existe pas, et c'est ça qui rend le voyage de la vie tellement magique.

Tu as tellement de belles choses en toi. Tu as des talents, des passions, et des rêves qui t'attendent. Même si un jour, tu as des doutes ou que tu te sens un peu perdue, souviens-toi que **la vraie force, c'est de ne jamais abandonner.** Sois fière de toi, de chaque petit progrès, et de tout ce que tu accomplis, même si ça te semble petit à l'instant. **Tu es bien plus courageuse et capable que tu ne le penses.**

Et puis, n'oublie jamais une chose : **la gentillesse et l'amour que tu offres aux autres rendent le monde meilleur.** Même si parfois tu n'as pas tout ce que tu voudrais, tu as déjà tellement de belles choses autour de toi : ta famille, tes amis, et tous les moments précieux que tu vis. **C'est ça, la vraie richesse.** Et chaque jour, sois reconnaissante pour ce que tu as. Parce que tu verras, en prenant le temps d'apprécier ce qui est là, tu découvriras que tu as déjà un trésor.

Alors, sois toi-même, n'aie pas peur de rêver grand et de suivre ton cœur. **Tu es une fille incroyable**, et le monde a besoin de toi tel que tu es.

Ne doute jamais de ta valeur, car tu es exactement ce qu'il faut. Et chaque petit pas que tu fais te rapproche encore plus de la personne incroyable que tu es destinée à devenir.

Ne laisse jamais personne te faire douter de ta valeur, car tu es capable de tout accomplir.

Alicia

Bonus Surprise :
Crée ton Plan de Rêve

Tu as parcouru ce livre et découvert des personnages courageux et inspirants, qui ont chacun poursuivi leurs rêves avec détermination.

Maintenant, il est temps de fa re de
toi aussi une héroïne de ta propre histoire !

Voici un guide spécial pour t'aider à **créer ton "Plan de Rêve"** et à définir ce que tu souhaites accomplir dans ta vie. Comme tu as pu le voir à travers les personnages du livre, il n'y a pas de rêve trop grand ou trop petit. L'essentiel, c'est de croire en toi et d'avoir un plan pour le réaliser !

1. Un rêve que je veux réaliser

Quel est ton plus grand rêve ? Ce rêve qui te fait sourire rien qu'en y pensant ? Peut-être que tu rêves de devenir écrivain, artiste, scientifique, aventurière, ou même de créer une entreprise pour aider les autres... Les possibilités sont infinies !

Écris ton rêve ici, aussi précis que possible. N'aie pas peur de rêver en grand, car chaque rêve, aussi grand soit-il, commence par une première étape.

Exemple :
Mon rêve : Devenir vétérinaire et ouvrir un refuge pour animaux.

Mon rêve:

....

....

2. Les étapes pour y arriver

Un rêve se réalise rarement du jour au lendemain, mais avec de la patience et des actions à chaque étape, tout devient possible. Voici comment faire avancer ton rêve :

- Première étape : Qu'est-ce que tu peux commencer à faire dès maintenant pour t'approcher de ton rêve ? Cela peut être aussi simple que d'apprendre de nouvelles choses, poser des questions à des personnes qui t'inspirent, ou pratiquer régulièrement.
- Deuxième étape : Quelles compétences ou connaissances te manquent pour accomplir ton rêve ? Est-ce qu'il faut que tu étudies un domaine particulier ? Apprendre des langues ? Ou encore développer ta créativité ?
- Troisième étape : Comment peux-tu suivre tes progrès ? Fixe-toi des objectifs à court terme que tu pourras atteindre étape par étape. Chaque petite victoire te rapprochera de ton grand objectif.

Exemple pour le rêve de devenir vétérinaire :
1. Lire des livres sur les animaux pour apprendre des faits intéressants.
2. Passer du temps à aider dans des refuges pour animaux.
3. Demander à un vétérinaire si tu peux passer une journée à l'observer dans son travail.

1 -
2 -
3 -

3. Les personnes qui peuvent m'aider dans mon chemin

Il y a des gens autour de toi, comme ta famille, tes amis, ou des mentors, qui peuvent t'accompagner dans la réalisation de ton rêve. Ces personnes ont souvent des conseils précieux à partager, ou elles peuvent tout simplement être là pour te soutenir quand tu as besoin de motivation.

Pense à toutes les personnes qui t'inspirent, et qui pourraient t'aider dans ton parcours. Il n'y a pas de mal à demander de l'aide ou des conseils !

Exemple :
Ma famille : Ils me soutiennent toujours, et j'ai confiance en leur avis.
Mon amie Clara : Elle adore les animaux et elle m'aide à en prendre soin.
Un vétérinaire local : J'aimerais lui poser des questions sur son métier et apprendre de son expérience.

....

....

....

4. Les obstacles possibles et comment les surmonter

Parfois, on se heurte à des obstacles sur notre chemin, mais c'est une partie normale du processus. Ce qui compte, c'est de savoir comment les affronter !

N'oublie pas que l'échec n'est pas la fin, mais une étape d'apprentissage. Chaque erreur est une occasion de grandir, de comprendre ce qui peut être amélioré et de devenir encore plus forte. Le vrai échec, c'est d'abandonner ses rêves sans avoir essayé encore et encore.

Voici quelques obstacles qui peuvent surgir, et des idées pour les surmonter :

- Manque de temps : Organise-toi, même quelques minutes par jour pour avancer.

- Doutes et peurs : Rappelle-toi que chaque petit pas compte et que l'échec fait partie de l'apprentissage. Ce qui importe, ce n'est pas de ne jamais tomber, mais de toujours se relever.

- Manque de soutien : Parle de tes rêves à tes proches, et cherche des mentors ou des amis avec des objectifs similaires.

5. Une affirmation pour y croire

Ton plan de rêve est une feuille de route, mais la confiance en toi est la clé pour que tout se réalise. Crois en toi, même si le chemin est long ou difficile.

Répète-toi chaque jour une phrase positive pour renforcer ta motivation :

Exemple :
"Je suis capable de réaliser mes rêves, et chaque jour je fais un pas de plus vers mon objectif."

Ecris tes phrases positives ici, pour ne jamais les oublier :

....
....
....
....
....
....

6. Le tableau de vision

Enfin, pour rendre ton Plan de Rêve encore plus concret, pourquoi ne pas créer **un tableau de vision** ? Tu peux dessiner, découper des images, ou écrire des mots qui représentent tes rêves et tes objectifs. Accroche-le dans un endroit où tu le verras souvent. Ce tableau sera une source d'inspiration et de motivation pour toi chaque jour !

Conclusion

Ce guide est là pour t'accompagner dans la réalisation de **TON rêve**, à ton rythme. Rappelle-toi que **chaque rêve est possible** si tu y crois et que tu y travailles avec détermination. Peu importe les obstacles qui se mettront sur ton chemin, avec ton Plan de Rêve et ta confiance en toi, tu seras prête à les surmonter.

Alors, quel est ton premier objectif que tu souhaites accomplir ? Le voyage commence aujourd'hui, et c'est **toi** qui tiens les rênes.

Question Bonus :
Quelle est la première étape de ton Plan de Rêve que tu vas accomplir aujourd'hui ?

Et maintenant,

le reste de l'histoire,

c'est à toi de l'écrire…